MIX
Papier aus verantwortungsvollen Quellen
FSC® C013123

5 4 3 2 1 20 19 18 17 16
978-3-88117-108-3

Cover und Layout: Nieschlag + Wentrup, Münster
Text und Rezepte: Agnes Prus
Illustrationen: Kristina Ballerstaedt, Nieschlag + Wentrup
Redaktion: Lisa Frischemeier
Satz: Tina Agard Grafik & Buchdesign, Stuttgart

www.hoelker-verlag.de

Inhalt

Kokospokus – Exotik in der Küche

Karibik, Asien, Brasilien – es gibt wohl niemanden, den der Geschmack von Kokosnuss nicht sofort auf eine Reise in ferne Länder schickt, selbst wenn er diese Gegenden noch nie besucht hat. Der Name der exotischen Frucht führt allerdings in die Irre, handelt es sich doch nicht um eine Nuss, sondern tatsächlich um eine Steinfrucht, genauer: den gewaltigen Samen der Kokospalme.

Wo ist die Kokosnuss? Wo ist die Kokosnuss?

Die Kokospalme stammt aus den Tropen und wird dort seit Jahrtausenden angebaut. Sie trägt nur in diesen warmen, feuchten Gebieten Früchte, verträgt Salzwasser und fühlt sich daher am Meer sehr wohl. Da die Kokospalme zur gleichen Zeit Früchte verschiedener Reifestadien trägt, können Kokosnüsse in den Ursprungsländern konstant geerntet werden. Die Hauptanbaugebiete sind Indien, Malaysia, Brasilien, die Dominikanische Republik, die Westindischen Inseln und allen voran Indonesien und die Philippinen. Die Kokosnüsse sind von Land zu Land unterschiedlich, manche eignen sich besser zur Fettgewinnung, weil sie viel Fleisch enthalten, andere enthalten dafür besonders viel Kokoswasser, wie beispielsweise die Grüne Kokosnuss, die es auf ca. 800 ml pro Frucht bringt.

Kokospalmen werden bis zu 30 m hoch, ihre Früchte hängen ganz oben in der Baumkrone unterhalb der Blätter. In einigen Anbaugebieten werden sie mithilfe dressierter Affen geerntet, die die Nüsse auf Kommando so lange drehen, bis sie vom Baum fallen. In anderen Ländern klettern schwindelfreie Arbeiter mit unglaublicher Körperbeherrschung auf die Bäume und schneiden dort die reifen Früchte ab.

Tausendsassa der Tropen

Die meisten Menschen kaufen eine Kokosnuss vermutlich hauptsächlich wegen ihres herrlichen Geschmacks und wissen gar nicht, dass sie sich und ihrem Körper damit etwas richtig Gutes tun. Kokosnüsse gelten als vollständiges Lebensmittel, das heißt, dass ein Mensch sich über mehrere Wochen allein von ihnen ernähren könnte, ohne Mangelerscheinungen zu bekommen. Gut zu wissen, sollte man auf einer einsamen Insel stranden. In der antiken indischen Schriftsprache Sanskrit wird die Kokospalme *Kalpa vriksha* genannt, was so viel bedeutet wie „Baum, der alles zum Leben Notwendige schenkt".

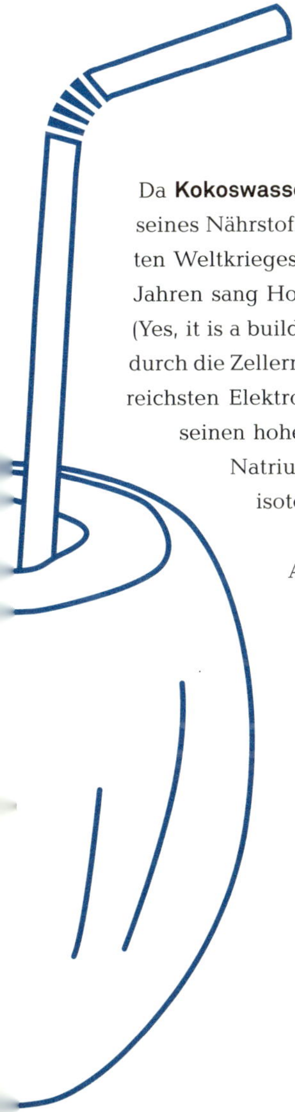

Da **Kokoswasser** nicht nur steril, sondern dem Blutplasma hinsichtlich seines Nährstoffgehalts äußerst ähnlich ist, wurde es während des Zweiten Weltkrieges sogar als Notinfusion genutzt. Und schon in den 50er-Jahren sang Hollywoodstar Robert Mitchum: „Drink the coconut water (Yes, it is a builder)..." Es regt den Stoffwechsel an und beschleunigt dadurch die Zellerneuerung. Darüber hinaus ist es kalorienarm und eine der reichsten Elektrolytequellen, die man in der Natur finden kann. Durch seinen hohen Gehalt an Mineralstoffen, darunter Kalium, Kalzium, Natrium, Eisen und Zink, eignet es sich z. B. hervorragend als isotonisches Getränk nach dem Sport.

Auch das Kokosfruchtfleisch strotzt nur so vor wunderbaren Inhaltsstoffen. Es enthält viele Ballaststoffe und Mineralien, insbesondere Magnesium, Eisen, Natrium und Selen. Aus ihm werden **Kokoschips, -flocken und -raspel, Kokoscreme** und **Kokosöl** hergestellt.

Kokosmilch ist weiß und milchig und wird aus dem pürierten und mit Wasser oder Kokoswasser verdünnten Kokosfleisch gepresst. **Kokoscreme** ist relativ fest und setzt sich nach der ersten Pressung auf der Kokosmilch ab. Sie ist reichhaltiger, fetter und süßer als Kokosmilch. Beides, Kokosmilch und -creme, sind in Dosen und Tetra Paks erhältlich.

Kokosöl wird ebenfalls aus dem Kokosfruchtfleisch gewonnen. Es hat eine feste Konsistenz und wird erst bei Temperaturen über 25 °C flüssig und klar. Man unterscheidet zwischen nativem und raffiniertem Öl, letzteres wird häufig als **Kokosfett** angeboten. Natives Kokosöl kann entweder durch Pressen des getrockneten Fruchtfleisches gewonnen oder direkt aus der Kokosmilch herausgelöst werden. Es eignet sich sowohl für die rohe Küche als auch für alle anderen Zubereitungsarten. Es duftet und schmeckt mild nach Kokos. Wer das nicht mag, kann auf Kokosfett in Bio-Qualität (nicht zu verwechseln mit dem zu Blöcken gepressten Palmfett aus dem Supermarkt) zurückgreifen. Bei der Herstellung werden unter dem Einfluss von Hitze Aromen, Farben und Gerüche entfernt, wobei allerdings auch das natürliche Vitamin E verloren geht. Kokosöl verträgt Temperaturen bis zu 230 °C und ist somit deutlich hitzestabiler als viele andere Öle. Es eignet sich daher ideal zum Frittieren und zum scharfen Anbraten bei höheren Temperaturen. Beim Backen kann es in vielen Fällen die Butter ersetzen.

Die in Kokosöl enthaltenen Fettsubstanzen besitzen hohen gesundheitlichen Wert. Sie können die Funktion des Nervensystems verbessern, bei stillenden Müttern milchbildend wirken und sind eine Wohltat für die Haut. Es handelt sich dabei um mittelkettige gesättigte Fettsäuren, die unser Stoffwechsel ohne große Mühe verarbeiten und in Energie umwandeln kann. Man muss also keine Angst haben, dass die Kokosnuss dick macht, im Gegenteil: Kokosöl enthält praktisch kein Cholesterin und regt die Tätigkeit der Schilddrüse an, was sogar zur Regulierung des Cholesterinspiegels und zur Gewichtsabnahme beitragen kann. Darüber hinaus unterstützt die in Kokosöl enthaltene Laurinsäure das Immunsystem, da sie gegen Viren, Pilze und Bakterien wirksam ist.

Bei der Herstellung von Kokosöl bleibt **Kokosmehl** übrig. Es ist das ballaststoffreichste unter allen Mehlen, enthält 20 % Eiweiß, relativ wenig Kohlenhydrate und ist überdies glutenfrei. Beim Backen lassen sich bis zu 25 % herkömmlichen Mehls durch Kokosmehl ersetzen.

Kokosblütenzucker und **Kokosblütensirup** werden aus dem Nektar der Blütenknospen der Kokospalme hergestellt. Beim Anschneiden tritt Saft aus, der aufgefangen und zu Zucker eingekocht wird. Kokosblütenzucker hat kein Kokosaroma, sondern einen feinen Karamellgeschmack. Er löst sich in Flüssigkeiten leicht auf, eignet sich zum Karamellisieren und ist nahezu so süß wie Haushaltszucker, der problemlos 1:1 durch Kokosblütenzucker ersetzt werden kann. Darüber hinaus hat Kokosblütenzucker einen sehr niedrigen glykämischen Wert. Das bedeutet, dass er den Blutzucker nur langsam und gleichmäßig ansteigen lässt. Daher sättigt er länger und eignet sich ausgezeichnet für Diabetiker. Er ist außerdem reich an Kalium, Eisen, Magnesium und anderen Mineralstoffen und Spurenelementen. All das macht ihn zu einer tollen Alternative zu herkömmlichem Zucker und zum neuen Liebling unter den alternativen Süßungsmitteln.

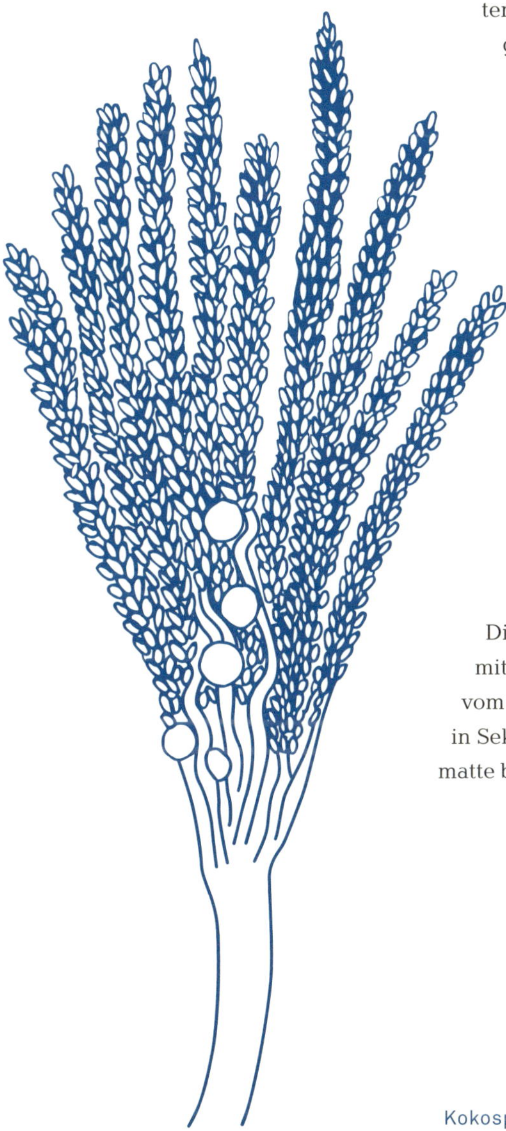

Die Kokosnuss meint es also gut mit uns – ganz zu schweigen vom herrlichen Duft, der die Seele in Sekundenschnelle in der Hängematte baumeln lässt!

Das Kaufen und Öffnen der Kokosnuss

Theoretisch sollten Kokosnüsse bei uns das ganze Jahr über erhältlich sein: Sie werden das ganze Jahr über geerntet und exportiert. Praktisch jedoch trifft man die braune Frucht in Deutschland eher in den Wintermonaten an. Bevor man eine Kokosnuss kauft, schüttelt man sie und prüft, ob sie mit Flüssigkeit gefüllt ist. Umso mehr sie davon enthält, desto frischer ist sie, denn während die Kokosnuss reift, nimmt das Fruchtfleisch nach und nach das Kokoswasser auf. Hört man kein Plätschern aus dem Inneren, ist die Nuss bereits eingetrocknet oder sogar verdorben. Das Fruchtfleisch schmeckt dann seifig und sollte nicht mehr verzehrt werden. Außerdem sollten die drei dunklen Keimlöcher glatt und unversehrt sein. Selbst beim kleinsten Ansatz von Schimmel auf jeden Fall liegen lassen.

Für das Öffnen der bei uns erhältlichen braunen Kokosnuss bieten sich mehrere Möglichkeiten an. Zuerst schlägt oder bohrt man (mit Hammer und Nagel oder mit der Spitze eines Dosenöffners, Korkenziehers oder Lochbohrers) je ein Loch in zwei der Augen. Es schadet nicht, hierbei ein Tuch unterzulegen. Man kann nun einfach einen Strohhalm in eines der Löcher stecken und das leckere Fruchtwasser pur trinken, gekühlt schmeckt es allerdings besser. Zur späteren Verwendung, z. B. in Smoothies, Desserts oder Soßen, kann man es gut verschlossen im Kühlschrank aufbewahren. Das Kokoswasser ist trüb-weiß und sollte leicht süß-säuerlich schmecken; unangenehm saurer Geschmack deutet auf lange Lagerung hin. In diesem Fall sollte es nicht mehr verzehrt werden.

Um die Nuss zu knacken, hält man sie locker in einer Hand. Mit dem Rücken eines schweren Messers oder einem Hammer schlägt man nun beherzt rundherum auf den „Bauch" der Nuss. Man wendet die Nuss dabei immerzu, stetig klopfend, bis ein Riss entsteht und sie schließlich in zwei Hälften bricht. Strahlend weiß präsentiert sich nun das leckere Fruchtfleisch – fest verbunden mit der Schale. Zum Lösen setzt man ein kleines, stabiles Messer zwischen Schale und Fruchtfleisch an und hebelt das Weiße Stück für Stück heraus. Wem das Knacken mit scharfem Werkzeug zu heikel ist, der gibt die Nuss einfach für 12 – 15 Min. in den auf 180 °C vorgeheizten Backofen. Die Schale sollte dann von alleine zerspringen und kann anschließend aufgebrochen werden.

Aufbewahrung

Eine ungeöffnete Kokosnuss ist im Gemüsefach des Kühlschranks 3 – 4 Wochen haltbar. Das ausgelöste Fleisch schmeckt frisch am besten, kann aber gut verschlossen bis zu 3 Tage im Kühlschrank aufbewahrt werden. Danach wird es schnell trocken und durch den hohen Fettgehalt ranzig. Es lässt sich auch einfrieren, sollte aber innerhalb von 4 Wochen verzehrt werden. Das Fruchtfleisch kann natürlich auch zu Raspeln oder Hobeln verarbeitet werden. Gut durchgetrocknet und luftdicht verpackt, halten sie sich mehrere Monate. Kokosöl muss nicht im Kühlschrank gelagert werden, es schadet ihm aber auch nicht. Kokosmilch und Kokoscreme sind etwas weniger widerstandsfähig gegen Bakterien und sollten nach dem Öffnen der Verpackung gekühlt aufbewahrt oder tiefgefroren werden. Am besten in einem gut verschlossenen Schraubglas.

Frische Früchtchen

Ist man auf der Suche nach frischen jungen Kokosnüssen, kann man in asiatischen Supermärkten Glück haben. Sie werden von der grünen Außenhaut befreit, in Folie gepackt und gekühlt gelagert.

In den Anbauländern wird zum Öffnen noch immer gerne das traditionelle Werkzeug genutzt: die Machete. Ein kräftiger Hieb reicht, und zack ist die Nuss „geköpft". Befindet man sich in Brasilien, kann man das *Coconut Mobile* nutzen: einen speziellen Wagen, der Kokosnüsse in Sekundenschnelle öffnet. Alternativ kommt man an das Fruchtfleisch, wenn man die Nuss mit viel Kraft gegen einen scharfen Stein oder auf den harten Boden schlägt. So machen es übrigens auch die Affen ...

Frische junge Kokosnüsse sind von einer ledrigen Schale und einer dicken bastartigen Schicht umgeben. Erst darunter kommt die harte, faserige Nussschale. Man nennt diese ca. 6 Monate alten Kokosnüsse auch „jelly nuts", denn in diesem frühen Stadium ist das Fruchtfleisch noch geleeartig. Mit zunehmender Reifung verringert sich der Gehalt an nährendem Kokoswasser zugunsten des wachsenden Fruchtfleisches, das sich außerdem immer mehr verfestigt. Solange es weich ist, kann es herausgelöffelt werden. Es ist so nahrhaft und gesund, dass es in den Tropen gerne als Babynahrung genutzt wird.

Für den Export werden sofort nach der Ernte die beiden äußeren Schichten der Kokosnuss entfernt, um Transportplatz zu sparen. Die entfernten Kokosfasern werden zu Seilen, Schiffstauen, Fischernetzen oder auch zu Füllmaterial für Matratzen verarbeitet.

Rezepte

Kokos-Linsen-Dal

mit gerösteten Süßkartoffeln

FÜR 4 PORTIONEN

Für das Dal

2 EL Kokosöl
2 Zwiebeln, fein gehackt
1 rote Chilischote, entkernt und längs halbiert
2 Knoblauchzehen, fein gehackt
1 Stück Ingwer (3 cm), gerieben
2 TL Koriandersamen, zerstoßen
1 TL Kreuzkümmelsamen, zerstoßen
1 TL gemahlener Zimt
1 TL gemahlene Kurkuma
200 g rote Linsen
ca. 500 ml Gemüsebrühe
400 ml Kokosmilch
Saft von 1–2 Limetten
Salz
frisch gemahlener schwarzer Pfeffer
1 Bd. Koriander, grob gehackt

Für das Topping

2 Süßkartoffeln, ungeschält und grob gewürfelt
Salz
frisch gemahlener schwarzer Pfeffer
1 TL Kreuzkümmelsamen
½ TL Fenchelsamen
1 EL Olivenöl
60 g Kokosfruchtfleisch, frisch geraspelt (oder 50 g getrocknete Kokosraspel, 10 Min. in 150 ml heißem Wasser eingeweicht, abgegossen und gut ausgedrückt)
1 TL Kokosöl
1 TL schwarze Senfkörner
10 Curryblätter
1 Stück Ingwer (2 cm), gerieben
1 rote Chilischote, entkernt, fein gehackt

Den Backofen auf 220 °C vorheizen. Für das Topping die Süßkartoffeln auf einem mit Backpapier ausgelegten Backblech verteilen. Mit Salz, Pfeffer, Kreuzkümmel und Fenchel bestreuen und mit Öl beträufeln. Im Ofen in 20 – 25 Min. goldbraun rösten. Die Kokosraspel in ein Schälchen geben.

In einer kleinen Pfanne das Kokosöl erhitzen, Senfkörner und Curryblätter darin kurz anrösten. Mit Ingwer und Chili zu den Kokosraspeln geben, salzen, pfeffern und gut durchmischen, dann beiseitestellen.

Für das Dal das Kokosöl in einem großen Topf erhitzen und die Zwiebeln darin bei mittlerer Temperatur ca. 8 Min. dünsten. Chili, Knoblauch und Ingwer zugeben und 1 Min. mitgaren. Die Gewürze ebenfalls zugeben und 1 Min. anrösten. Linsen unterrühren, Brühe und Kokosmilch zugießen und aufkochen. Bei geringer Temperatur ca. 30 Min. köcheln lassen. Zwischendurch umrühren und evtl. etwas Brühe oder Wasser nachgießen. Mit Limettensaft, Salz und Pfeffer abschmecken und die Hälfte des Korianders unterrühren.

Die Suppe auf Schüsseln verteilen und mit Süßkartoffeln, Kokos-Topping und dem restlichen Koriander servieren.

Kokos-Gemüse-Suppe
mit Soba-Nudeln

FÜR 4 PORTIONEN

- 350 g Soba-Nudeln (asiatische Buchweizennudeln)
- 800 ml Kokosmilch
- 400 ml Gemüsebrühe
- 4 Stängel Zitronengras (nur die unteren 4 cm)
- 5 Kaffirlimettenblätter, Mittelrippen entfernt, fein gehackt
- 1 Schalotte, in Ringen
- 2 Knoblauchzehen, halbiert
- 2 rote Chilischoten, entkernt und in Ringen
- 2 EL Rohrohrzucker
- 1 Stück Ingwer (2 cm), gerieben
- 1 Bd. Koriander, Blättchen abgezupft, Stiele grob gehackt
- 150 g Pak Choi, fein geschnitten
- 100 g Baby-Spinat, fein geschnitten
- 150 g gemischte asiatische Pilze (oder kleine Champignons), halbiert
- 2 EL Sojasoße
- 2–3 EL Limettensaft
- 8 Kirschtomaten

Die Soba-Nudeln nach Packungsanweisung garen, abschrecken und abtropfen lassen.

Kokosmilch und Brühe in einen Topf gießen. Das Zitronengras mit einem Messerrücken oder einem Nudelholz zerstoßen und zusammen mit Limettenblättern, Schalotte, Knoblauch, der Hälfte der Chilis, Zucker, Ingwer und Korianderstielen zugeben. Aufkochen und 15 Min. bei geringer Hitze köcheln lassen. Die Brühe durch ein Sieb in einen großen Topf gießen, den Rest entsorgen.

Pak Choi, Spinat und Pilze in die Brühe geben, aufkochen und 2–3 Min. köcheln lassen. Mit Sojasoße und Limettensaft würzen und die Suppe vom Herd nehmen. Soba-Nudeln und Tomaten auf Schüsseln verteilen, die Suppe darübergießen und mit Korianderblättchen und der übrigen Chili bestreut servieren.

Grünes Kokos-Chutney

FÜR CA. 6 PORTIONEN

2 Bio-Limetten
2 grüne Chilischoten, entkernt und grob gehackt
1 Bd. Koriander, grob gehackt
2 Frühlingszwiebeln, grob gehackt
Salz
5 EL Kokosraspel
1–2 EL Kokosmilch nach Bedarf
1 TL Ghee oder Kokosöl
2 TL schwarze Senfkörner
2 TL Kreuzkümmelsamen

Die Limetten heiß abspülen, Schale abreiben und beiseitestellen. Mit einem scharfen Messer die Limetten gründlich von der weißen Haut befreien. Das Fruchtfleisch grob würfeln und zusammen mit Limettenabrieb, Chilis, Koriander, Frühlingszwiebeln und Salz fein pürieren. Die Kokosraspel zufügen und nochmals pürieren. Bei Bedarf 1 – 2 EL Kokosmilch oder Wasser zugießen.

In einer kleinen Pfanne das Fett erhitzen und die Gewürze darin rösten. Zur Kokosmasse geben und gründlich vermischen.

TIPP

Traditionell wird Kokos-Chutney zu südindischen Pfannkuchen gereicht, es passt aber auch sehr gut zu vielen anderen indischen Gerichten oder zu Reis.

Vietnamesische Kokos-Pfannkuchen

FÜR 4 PORTIONEN

Für die Pfannkuchen
150 g Reismehl
½ TL gemahlene Kurkuma
1 TL Salz
200 ml Kokosmilch
Kokos- oder Erdnussöl zum Ausbacken

Für die Füllung
1 EL Erdnussöl
10 große Shiitakepilze, Stiele entfernt, Hüte in feinen Streifen
200 g Mungobohnensprossen
1 EL Sojasoße
Salz
frisch gemahlener schwarzer Pfeffer

Für den Dip
125 ml Fischsoße
100 g Zucker
120 ml frisch gepresster Zitronensaft
1 große Knoblauchzehe, fein gehackt
2 rote Chilischoten, entkernt und in feinen Ringen
1 Schalotte, in feinen Streifen

Für den Dip die Fischsoße mit dem Zucker verrühren, bis sich der Zucker aufgelöst hat. Den Zitronensaft einrühren, dann Knoblauch, Chilis und Schalotte zugeben und 20 Min. ziehen lassen.

Für die Füllung das Öl im Wok stark erhitzen. Die Pilze darin 2 Min. anbraten. Sprossen zugeben, Sojasoße unterrühren und mit Salz und Pfeffer abschmecken. Abkühlen lassen.

Den Backofen auf 70 °C vorheizen. Für die Pfannkuchen alle Zutaten bis auf das Öl in einer Schüssel zu einem glatten Teig verquirlen. Etwas Öl in einer Pfanne (ø ca. 25 cm) zerlassen. Eine kleine Kelle Teig hineingießen, die Pfanne dabei kreisend schwenken. Hitze reduzieren und den Pfannkuchen backen, bis sich die Ränder nach oben biegen. Etwa ¼ der Pilz-Sprossen-Mischung auf eine Hälfte des Pfannkuchens geben, die andere Hälfte darüberschlagen. Auf einen Teller gleiten lassen, abdecken und warm stellen. Mit dem restlichen Teig ebenso verfahren. Mit dem Dip servieren.

Rote-Bete-Kokos-Curry

FÜR 4 PORTIONEN

3 EL Kokosöl
2 EL schwarze Senfkörner
2 TL Kreuzkümmelsamen
20 frische Curryblätter (oder 30 getrocknete)
4 Schalotten, in feinen Ringen
1 grüne Chilischote, entkernt und fein gehackt
3 Knoblauchzehen, in feinen Scheiben
1 Stück Ingwer (3 cm), fein gehackt
1 TL gemahlene Kurkuma
1 EL Currypulver
10 EL Kokosraspel
Salz
Saft von 1 Zitrone
800 g Rote Bete, grob geraspelt
200 ml Kokosmilch
frisch gemahlener schwarzer Pfeffer
4 EL Joghurt (oder Kokosjoghurt)

Das Kokosöl in einem großen Topf erhitzen, Senfkörner, Kreuzkümmelsamen und Curryblätter darin anrösten. Schalotten, Chili, Knoblauch und Ingwer untermengen, mit Kurkuma und Currypulver würzen und bei mittlerer Hitze unter Rühren ca. 3 Min. anbraten. Die Kokosraspel und 1 TL Salz untermischen und alles stetig rührend weitere 3 Min. garen. Mit dem Zitronensaft ablöschen, die Rote Bete zufügen und gründlich mit der Gewürzmischung vermengen. Die Kokosmilch einrühren und aufkochen. Bei mittlerer Hitze und geschlossenem Deckel ca. 40 Min. weitergaren. Mit Salz und Pfeffer abschmecken und mit je 1 Klecks Joghurt servieren.

TIPP

Dieses Gericht schmeckt mit frischen Kokosraspeln besonders lecker. Dazu kann Reis oder indisches Brot serviert werden.

Linguine
mit Kokos-Mangold-Soße

FÜR 4 PORTIONEN

400 g Linguine
Salz
2 EL Kokosöl
600 g Mangold, ohne Stiele grob gehackt
1 EL Limettensaft
frisch gemahlener schwarzer Pfeffer
2 Knoblauchzehen, fein gehackt
1 Stück Ingwer (1–2 cm), fein gehackt
1½ rote Chilischoten, entkernt und fein gehackt
½ TL gemahlener Zimt
2 TL Currypulver
600 ml Kokosmilch
1 EL rosa Pfefferkörner
2 EL Kokoschips

Die Linguine in reichlich kochendem Salzwasser nach Packungsanweisung bissfest garen. Das Kokosöl in einer Pfanne erhitzen. Den Mangold darin kurz andünsten, bis er zusammenfällt. Mit Limettensaft, Salz und Pfeffer würzen.

Knoblauch, Ingwer, Chilis, Zimt, Currypulver und Kokosmilch zusammen in einen Topf geben und bei mittlerer Temperatur aufkochen lassen. Mangold unterrühren und die Soße vom Herd nehmen.

Die Linguine abgießen. Mit der Kokos-Mangold-Soße mischen und mit rosa Pfefferkörnern und Kokoschips bestreut servieren.

Avocado-Edamame-Salat
mit gerösteten Kokoschips

FÜR 4 PORTIONEN

Für den Salat
50 g Kokoschips
200 g Prinzessbohnen
Salz
300 g gepalte TK-Edamame (grüne Sojabohnen)
200 g Zuckerschoten
3 Frühlingszwiebeln, in Ringen
1 EL Sesamsamen, geröstet
1 EL schwarze Sesamsamen
1 Bd. glatte Petersilie, fein gehackt
1 rote Chilischote, entkernt und in feinen Ringen
2 EL Noriblätter, fein gehackt
3 Avocados

Für das Dressing
2 EL Erdnussöl
2 EL Kokosöl, zerlassen
1 TL Sesamöl
2 EL Sojasoße
2 EL Zitronensaft
1 EL flüssiger Honig
Salz
frisch gemahlener schwarzer Pfeffer

Den Backofen auf 180 °C vorheizen. Für den Salat die Kokoschips auf einem mit Backpapier ausgelegten Blech verteilen und im Ofen in ca. 5 Min. goldbraun rösten. Herausnehmen und abkühlen lassen.

Für das Dressing alle Zutaten in ein Schraubglas geben. Das Glas verschließen, kräftig schütteln und beiseitestellen.

Die Prinzessbohnen in kochendem Salzwasser 4 Min. blanchieren. Edamame und Zuckerschoten nach 2 Min. zugeben. Abgießen, in Eiswasser abschrecken und gut abtropfen lassen. In eine Salatschüssel füllen. Frühlingszwiebeln, helle und schwarze Sesamsamen, Petersilie, Chili, Noriblätter und die Hälfte der Kokoschips zugeben. Das Dressing zugießen und alles gründlich vermengen.

Die Avocados halbieren, entkernen und von der Schale befreien. Das Fruchtfleisch würfeln und vorsichtig unter den Salat heben. Mit Salz und Pfeffer abschmecken und mit den restlichen Kokoschips bestreut servieren.

Lachs-Kokos-Spieße
mit Thai-Gurkensalat

FÜR CA. 10 SPIESSE

Für die Spieße

2 grüne Chilischoten, entkernt und sehr fein gehackt
5 Frühlingszwiebeln, sehr fein gehackt
1 Bd. Koriander, sehr fein gehackt
1 EL Fischsoße
Abrieb und Saft von 2 Bio-Limetten
400 ml Kokosmilch
1 Prise Salz
1 TL Zucker
1 kg Lachsfilet, in 4 cm großen Würfeln

Für den Salat

1 Salatgurke, geschält, längs halbiert, entkernt und in schrägen Scheiben
50 g ungesalzene, geröstete Erdnüsse, grob gehackt
½ Bd. Koriander, fein gehackt
3 EL frisch gepresster Zitronensaft
1 EL Honig
1 TL Sojasoße
2 EL Kokosmilch
1 Stück Ingwer (1–2 cm), gerieben

Außerdem

10 Holzspieße, 30 Min. in kaltem Wasser eingeweicht

Für die Spieße Chilis, Frühlingszwiebeln und Koriander mit Fischsoße, Limettenabrieb und -saft sowie Kokosmilch vermengen. Mit Salz und Zucker würzen und nach Belieben cremig pürieren. Die Lachswürfel mit der Marinade in einen Gefrierbeutel geben, verschließen und alles gut vermischen. Ca. 1 Std. im Kühlschrank ziehen lassen.

Den Holzkohlegrill anheizen. Jeweils 3–4 Fischstücke auf einen Spieß stecken. Auf dem sehr heißen Grill in ca. 5 Min. garen.

Für den Salat Gurke, Erdnüsse und Koriander in eine Schüssel geben. Die restlichen Zutaten verrühren, darübergießen und alles miteinander vermengen. Zu den Lachsspießen reichen.

Lammkoteletts
mit Satay-Soße

FÜR 4 PORTIONEN

Für die Lammkoteletts
2 TL gemahlene Kurkuma
½ TL Zucker
1 TL Salz
3 EL Kokosöl, zerlassen
12 Lammkoteletts
½ Bd. Koriander, Blättchen abgezupft
½ Bd. Minze, Blättchen abgezupft
1 rote Zwiebel, in feinen Ringen

Für die Satay-Soße
5 Schalotten
3 Knoblauchzehen
1 Stängel Zitronengras (nur die unteren 4 cm)
1 Stück Galgant oder Ingwer (3 cm), grob gehackt
2 EL Sambal Oelek (oder 1 EL rote Currypaste)
4 EL Erdnussöl
200 g ungesalzene, geröstete Erdnüsse
2 EL Kokosblütenzucker
Salz
1 EL Tamarindenpaste
200 ml Kokosmilch + evtl. etwas mehr

Für die Satay-Soße Schalotten, Knoblauch, Zitronengras, Galgant und Sambal Oelek zusammen mit dem Öl fein pürieren oder in einem Mörser zu einer Paste verarbeiten. In einer Pfanne bei niedriger Hitze 15 – 20 Min. anbraten. Die Erdnüsse im Mörser fein zerstoßen. Mit 200 ml Wasser in einen kleinen Topf geben und ca. 15 Min. köcheln lassen. Die Schalottenmischung mit Zucker, ½ TL Salz und Tamarindenpaste würzen und 3 Min. weitergaren, Erdnusspaste und Kokosmilch unterrühren, mit Salz abschmecken.

Für die Lammkoteletts Kurkuma, Zucker, Salz und 2 EL Öl in einem tiefen Teller vermischen. Die Lammkoteletts darin wenden und 5 Min. im Kühlschrank marinieren. Eine Grillpfanne erhitzen und mit dem restlichen Öl ausstreichen. Das Fleisch darin bei hoher Hitze von jeder Seite 3 Min. scharf anbraten. Das Fleisch soll außen kross und innen rosa sein. Mit den Kräutern und der Zwiebel bestreuen und die Satay-Soße dazu reichen.

Ingwer-Hähnchen
mit Kokos-Gewürz-Reis

FÜR 4 PORTIONEN

je 1 Bio-Limette und Bio-Zitrone
4 Hähnchenbrustfilets à 150 g, in 2 cm großen Würfeln
1 Stück Ingwer (3 cm), fein gehackt
½ rote Chilischote, entkernt und in Ringen
2 EL natives Sesamöl
1 EL Honig
Salz
2 EL Kokosraspel
4 Stängel Koriander

Für den Reis
330 g Basmatireis
½ TL Salz
180 ml Kokosmilch
2 Gewürznelken
1 Zimtstange
½ TL gemahlene Kurkuma
1 Stück Ingwer (2 cm), in feinen Scheiben
4 Kaffirlimettenblätter

Die Limette und die Zitrone heiß abwaschen, die Schalen mit einem scharfen Messer dünn abschneiden und die Früchte auspressen. Das Fleisch mit den Zitrusschalen und dem -saft, Ingwer und Chili in einer Schüssel vermengen. Mit Folie abdecken und für 30 Min. im Kühlschrank marinieren.

Den Reis unter fließendem kaltem Wasser waschen, bis das Wasser klar bleibt. Den abgetropften Reis mit allen weiteren Zutaten und 350 ml Wasser in einen Topf geben. Einmal umrühren, aufkochen lassen und zugedeckt bei niedriger Temperatur in 12 Min. garen. Vom Herd nehmen und 10 Min. ruhen lassen.

Das Fleisch mit einem Schaumlöffel aus der Marinade heben, die Zitrusschalen entfernen. Einen Wok stark erhitzen und das Fleisch im heißen Öl portionsweise rundherum kräftig anbraten. Mit Honig beträufeln und in 3 – 4 Min. karamellisieren lassen. Mit Salz würzen. Den Reis mit einer Gabel auflockern, Limettenblätter, Nelken und Zimtstange entfernen.

Den Reis auf Teller verteilen, das Hähnchenfleisch darauf anrichten und mit Kokosraspeln und Korianderblättchen garniert servieren.

Beef Rendang

Indonesisches Schmorgericht

FÜR 4–6 PORTIONEN

1 TL Koriandersamen, im Mörser zerstoßen
¼ TL gemahlene Kurkuma
1 Stück Ingwer (2–3 cm), fein gehackt
4 Knoblauchzehen, grob gehackt
4 Schalotten, grob gehackt
3 TL Chiliflocken (alternativ Cayennepfeffer)
1 TL Salz
2 EL Kokosöl
ca. 1 kg Rindfleisch (Beinfleisch, Schulter oder Keule), in Würfeln
2 Stängel Zitronengras (nur das Weiße)
4 Kaffirlimettenblätter
1 Stück (2–3 cm) Galgant, in Scheiben
400 ml Kokosmilch
1 EL Kokosblütenzucker

Koriandersamen, Kurkuma, Ingwer, Knoblauch, Schalotten, Chili und Salz fein pürieren oder im Mörser zu einer Paste verarbeiten.

Das Öl in einem Bräter erhitzen und das Fleisch portionsweise bei hoher Temperatur rundum scharf anbraten. Herausnehmen und beiseitestellen. Das Zitronengras mit einem Messerrücken quetschen. Zusammen mit den Limettenblättern und dem Galgant im Bratensaft anbraten, herausnehmen und zum Fleisch geben.

Die Temperatur reduzieren und die Chilipaste unter Rühren ca. 10 Min. anbraten. Kokosmilch und Kokosblütenzucker unterrühren, dann das Fleisch wieder zugeben. Bei niedriger Temperatur und mit halb aufgelegtem Deckel 3 – 4 Std. köcheln lassen, gelegentlich umrühren. Die Kokosmilch kocht dabei fast vollständig ein.

Den Deckel abnehmen und das Fleisch bei hoher Temperatur und unter Rühren im restlichen Fett dunkel anbraten (nicht anbrennen lassen!). Über Nacht durchziehen lassen und am nächsten Tag mit Basmatireis servieren.

Pan de Coco

Kokosbrot aus Honduras

FÜR 2 BROTE

- 100 g Kokosraspel
- 400 ml lauwarme Kokosmilch + etwas extra
- 400 g Weizenmehl
- 50 g Kokosblütenzucker (alternativ Rohrohrzucker)
- 1 Würfel frische Hefe
- 40 g Kokosmehl (ersatzweise 100 g Weizenmehl)
- ½ TL gemahlener Zimt
- 25 g Kokosöl, zerlassen
- ½ TL Salz

Die Kokosraspel in eine Schüssel geben, mit Kokosmilch bedecken und bis zum Gebrauch darin einweichen. 1 EL Weizenmehl mit dem Zucker in eine zweite Schüssel geben, die Hefe hineinbröseln und mit etwas Kokosmilch glattrühren. An einem warmen Ort 15 Min. gehen lassen.

In einer großen Schüssel das restliche Weizenmehl, Kokosmehl und Zimt mischen. Die eingeweichten Kokosraspel mitsamt der Kokosmilch, die Hefemischung, das Kokosöl und Salz zugeben. Den Teig ca. 10 Min. kneten, dann abgedeckt an einem warmen Ort 1 Std. gehen lassen.

Den Teig erneut durchkneten und 2 Brotlaibe daraus formen. Auf ein mit Backpapier ausgelegtes Blech geben und erneut 30 Min. ruhen lassen.

Den Backofen rechtzeitig auf 200 °C vorheizen. Die Brote mit Kokosmilch bepinseln und im Ofen in 30 – 40 Min. goldbraun backen.

TIPP

Das Brot schmeckt gut als Beilage
zu scharfem südamerikanischem Essen.

Coco Quemado

Kubanischer Kokos-Flan

FÜR 4 PORTIONEN

1 Zimtstange
2 Gewürznelken
150 g Crème double
150 ml Kokosmilch
3 EL Kokosblütenzucker (ersatzweise Vollrohrzucker)
2 Eier
1 Eigelb

Den Backofen auf 160 °C vorheizen. 125 ml Wasser zusammen mit den Gewürzen und der Crème double in einen Topf geben und zum Sieden bringen. Vom Herd nehmen und 5 Min. ziehen lassen. Kokosmilch und Zucker untermengen. Bei niedriger Hitze so lange rühren, bis sich der Zucker aufgelöst hat. Die Eier und das Eigelb in einer großen Schüssel verquirlen und die Kokosmilchmischung nach und nach untermengen. Durch ein feines Sieb gießen und auf 4 Soufflé-Förmchen verteilen. In eine große mit Wasser gefüllte Auflaufform stellen und in 45 Min. im Backofen stocken lassen. Durch das Wasserbad wird der Flan besonders cremig. Warm oder kalt servieren.

TIPP

Dazu passt gebratenes Obst. Dafür 1 EL Kokosöl in einer Pfanne zerlassen und 4 halbierte Baby-Bananen und 4 Scheiben Ananas darin anbraten. Mit 2 EL Akazienhonig beträufeln und karamellisieren lassen. Mit 4 EL braunem Rum ablöschen. Die Früchte noch heiß zum Flan reichen.

Kokos-Kirsch-
Knuspermüsli

FÜR 6–8 PORTIONEN

250 g kernige Haferflocken
100 g Kokosraspel
50 g ungesalzene Pistazienkerne (alternativ Mandelkerne), grob gehackt
30 g Sesamsamen
3 EL Kokosöl, zerlassen
75 ml Kokosblütensirup (ersatzweise Akazienhonig)
70 g getrocknete Kirschen

Den Backofen auf 150 °C vorheizen. Die Zutaten bis auf die Kirschen in einer großen Schüssel gründlich vermengen. Auf einem mit Backpapier ausgelegten Blech verteilen und im Ofen ca. 15 Min. rösten. Dabei alle 5 Min. durchmischen. Dann die Kirschen zugeben und das Müsli in weiteren 5–10 Min. goldbraun rösten. Vollständig abkühlen lassen und in ein sauberes Schraubglas füllen.

TIPP

Das Müsli schmeckt sehr gut zu Joghurt.
Wer mag, verfeinert es noch mit gehackter Schokolade.

Kokos-Milchreis
mit Blaubeeren

FÜR 4 PORTIONEN

½ Vanilleschote
750 ml Milch
250 ml Kokosmilch
130 g Milchreis
1 Prise Salz
1 Zimtstange
5 Kardamomkapseln
1 EL Zucker
1 TL Abrieb von 1 Bio-Zitrone
2 EL gehackte Mandeln, geröstet

Für die Blaubeeren
250 g Blaubeeren
1 TL Puderzucker
1 Msp. gemahlener Zimt
2 TL Orangenlikör

Die Vanilleschote längs halbieren, das Mark auskratzen. Beides zusammen mit der Milch, der Kokosmilch und dem Reis in einen Topf geben, salzen. Alles einmal aufkochen, anschließend unter häufigem Rühren bei niedriger Temperatur ca. 20 Min. köcheln lassen. Zimt und Kardamom zugeben und den Reis in weiteren 10 Min. garen. Den Topf vom Herd nehmen, dann Zucker und Zitronenabrieb unterrühren. Vanilleschote, Zimtstange und Kardamomkapseln entfernen.

Die Blaubeeren mit Puderzucker und Zimt bestäuben, mit Likör beträufeln und alles gut vermischen.

Zum Servieren den Milchreis auf Schälchen verteilen, je 2 EL marinierte Blaubeeren daraufgeben und mit Mandeln bestreuen.

Orangen-Kokos-Kuchen
mit Joghurt

FÜR 1 KUCHEN (Ø 23 CM)

Für den Teig
50 g helles Dinkelmehl
50 g Kokosmehl (ersatzweise helles Dinkelmehl)
100 g Rohrohrzucker
Abrieb von 1 Bio-Orange
1 Prise Salz
160 g Kokosöl (alternativ Butter), zerlassen + etwas für die Backform

Für den Belag
3 Bio-Orangen
½ Vanilleschote
1 EL Akazienhonig
1 Zimtstange
4 Eiweiß
60 g Rohrohrzucker
2 TL Orangenblütenwasser
140 g Kokosraspel
50 g ungesalzene Pistazienkerne, geröstet und grob gehackt, oder 30 g Kokoschips, geröstet

Für den Joghurt
400 g griechischer Joghurt
½ TL Orangenblütenwasser
2 EL Akazienhonig

Den Backofen auf 200 °C vorheizen. Für den Teig Dinkelmehl, Kokosmehl, Zucker, Orangenabrieb und Salz mischen. Das Kokosöl zugeben und alles zu einem krümeligen Teig verarbeiten. Mit den Fingern in eine gefettete Springform drücken, dabei einen Rand formen. Im Ofen in 10 Min. goldgelb backen. In der Form abkühlen lassen.

In der Zwischenzeit für den Belag 2 Orangen mit einem scharfen Messer von der Schale befreien, sodass die weiße Haut gründlich entfernt wird. Das Fruchtfleisch in 5 mm dicke Scheiben schneiden (es werden 7 – 8 Scheiben benötigt) und auf einen tiefen Teller legen. 1 Orange auspressen. Die Vanilleschote längs halbieren, das Mark auskratzen. Orangensaft, Vanillemark- und schote, Honig, Zimt sowie 30 ml Wasser in einen kleinen Topf geben und aufkochen lassen. Den Sud über die Orangenscheiben gießen und alles bis zur Weiterverwendung ziehen lassen.

Die Eiweiße halb steif schlagen. Unter Rühren den Zucker einrieseln lassen und weiterschlagen, bis sich steife Spitzen bilden. Das Orangenblütenwasser unterziehen, dann die Kokosraspel unterheben. Die Masse auf dem Teigboden verstreichen und ca. 15 Min. im Ofen backen. Die Orangenscheiben etwas abtropfen lassen, dann den Kuchen damit belegen und mit Pistazien oder Kokoschips bestreuen.

Für den Joghurt alle Zutaten gründlich vermengen. Die Kuchenstücke mit je einem großen Klecks Joghurt servieren.

Himbeer-Kokos-Smoothie

FÜR 2 PORTIONEN

50 g Mandeln
50 g frische Kokosraspel
200 g Himbeeren
200 ml Kokosmilch
1 Prise gemahlener Kardamom oder gemahlener Zimt
Abrieb von ½ Bio-Zitrone
1 TL Kokosblütensirup (ersatzweise Honig)
2–4 Eiswürfel

Alle Zutaten in einen Standmixer geben und cremig pürieren. Je nach Leistungsstärke des Mixers kann das 2 – 10 Min. dauern. Evtl. mit eiskaltem Wasser auf die gewünschte Konsistenz verdünnen.

Piña Colada

Puerto Ricos Nationalgetränk

FÜR 1 PORTION

6 cl weißer Rum
2 cl Kokoslikör
100 ml Ananassaft
1½ EL Sahne
3 EL Kokosmilch
1 TL Zucker

Außerdem
4 Eiswürfel
¼ Ananasscheibe
1 Cocktailkirsche

Für den Cocktail alle Zutaten in einen Shaker füllen, gut verschließen und kräftig schütteln. Ein großes Cocktailglas mit den Eiswürfeln füllen und mit Früchten garnieren. Piña Colada eingießen und mit einem Strohalm servieren.

TIPP

Befindet man sich in tropischen Gefilden oder hat aus anderen Gründen eine junge Kokosnuss zur Hand, kann man die Sahne durch die gleiche Menge Kokoswasser und die Kokosmilch durch das Gelee der frischen Kokosnuss ersetzen.

Rezeptübersicht

Suppen

Veggie

Fisch & Fleisch

Gebäck, Süßes & Getränke